À Eliott.
C. V.

Pour Laura et Marie-Alix
N. G.

Direction générale : Gauthier Auzou
Responsable éditoriale : Maya Saenz
Mise en pages : Alice Nominé
Responsable fabrication : Jean-Christophe Collett – Fabrication : Nicolas Legoll
www.auzou.fr

Dépôt légal : janvier 2014

Loi n° 49-956 du 16 juillet 1949 sur les publications destinées à la jeunesse.

La Petite Sirène

D'après le conte de Hans Christian Andersen
Adapté par Natacha Godeau
Illustrations de Coralie Vallageas

AUZOU

Il était une fois, au plus profond de la mer, le Roi des Océans, seigneur d'un royaume extraordinaire. Là-bas, de longues algues dansaient dans le courant comme les brins d'herbe s'agitent au vent. De petits poissons s'y faufilaient comme les oiseaux planent parmi les nuages. Et le roi habitait un fabuleux palais de corail, aux fenêtres d'ambre et au toit de coquillages.

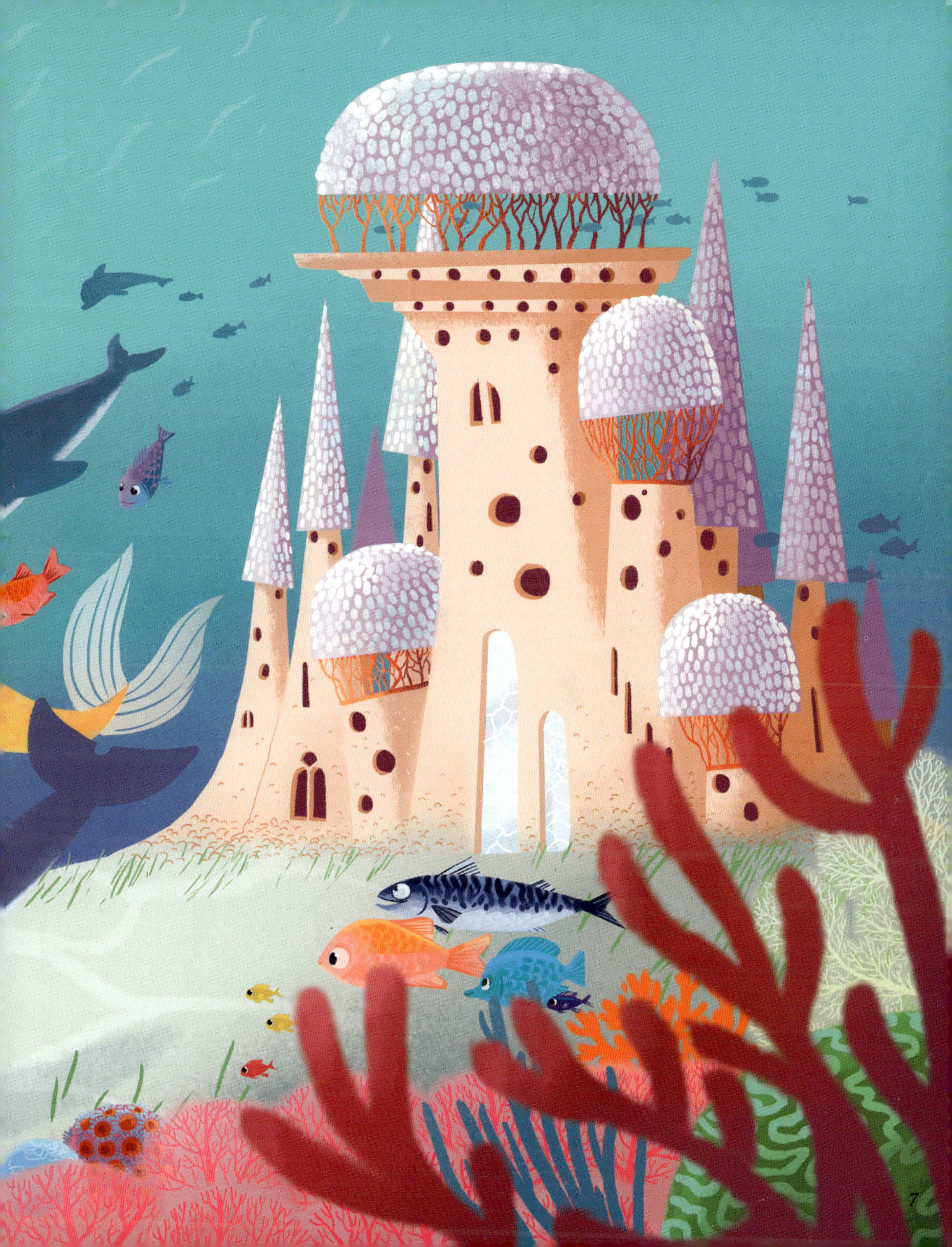

Le Roi des Océans avait six filles, de charmantes sirènes aux yeux bleu nuit, dont la plus petite était la plus jolie, et la plus rêveuse aussi. Dans leur parc aquatique de sable bleuté, chaque princesse entretenait son jardin. La Petite Sirène cultivait dans le sien des anémones couleur de feu, au pied d'une statue de marbre trouvée au fond d'une épave.

La statue représentait un prince, et la Petite Sirène la chérissait comme son plus précieux trésor, car le monde des hommes la fascinait.

« Quand ils meurent, les humains deviennent des anges et montent au ciel briller parmi les étoiles », lui avait dit sa grand-mère.

Et les étoiles semblaient si belles,
la nuit, que la Petite Sirène rêvait
de briller parmi elles. Mais hélas,
au royaume des mers, personne ne
monte jusqu'au ciel...

Le soir de ses quinze ans, la Petite Sirène eut enfin le droit de se rendre à la surface pour découvrir l'univers. La splendeur du soleil l'enchanta, autant que le feu d'artifices lancé du pont d'un voilier en l'honneur du prince du pays.

Mais une tempête se leva soudain, les vagues gonflèrent
et le voilier chavira, propulsant le prince vers le fond.
Vite, la Petite Sirène plongea…

Elle ramena le prince inconscient sur la grève, puis elle se cacha derrière un rocher et vit une jeune fille accourir au secours du naufragé. Alors, la sirène regagna son royaume, où elle embrassa la statue du prince dont elle était tombée follement amoureuse...
« Je dois le rejoindre ! » décida-t-elle.
Et rassemblant son courage, elle alla demander de l'aide à la Sorcière des Mers, dans son repaire boueux...

« Je peux transformer ta queue de sirène en deux jambes légères, assura la sorcière. Cependant, ma potion magique a un prix : ta voix est la plus ravissante du royaume, je la veux en échange. Sache aussi que tu cours un grand risque, car si le prince ne se marie pas avec toi, tu disparaîtras dans l'écume de mer... » Malgré toutes ces conditions terrifiantes, la Petite Sirène accepta sans hésiter. Mais devenue muette, elle dut partir le cœur brisé, sans pouvoir dire au revoir à sa famille...

Arrivée au pied du château du prince, la Petite Sirène se hissa sur les marches blanches, but la potion, et s'évanouit de douleur lorsque sa queue se sépara en deux jambes. À son réveil, le prince la contemplait avec bonté. Puis constatant qu'elle n'avait pas de voix, il la recueillit dans son palais, où il la traita en princesse. Oh, il l'aimait fort, sa Petite Sirène à la démarche dansante...

Mais il préféra pourtant épouser la jeune fille qui l'avait sauvé sur la grève !
« Non, c'est moi qui t'ai sauvé ! » aurait voulu crier la sirène muette.

Elle sanglotait. Après tout ce qu'elle avait enduré pour devenir humaine, elle allait maintenant s'évaporer dans l'écume de mer... Par chance, ses sœurs la retrouvèrent à temps. Elles surgirent des flots en lui tendant un couteau enchanté qu'elles avaient échangé à la sorcière contre leur merveilleuse chevelure...

« Tue vite ton prince et le sortilège sera annulé ! » expliquèrent-elles. Mais la Petite Sirène refusa de tuer celui qu'elle aimait, bien sûr. Elle jeta alors le couteau dans les vagues, préférant disparaître dans l'écume de mer... sauf qu'à sa grande surprise, elle s'éleva soudain vers le ciel ! Ainsi, par son sacrifice, la Petite Sirène était devenue éternelle, et le monde des anges l'accueillait enfin parmi les étoiles scintillantes !